T 文庫

假装懂点
经济学

THE
LITTLE BOOK
OF
ECONOMICS

[英]肖恩·拉斯克 / 著

三米 / 译

图书在版编目（CIP）数据

假装懂点经济学 / (英) 肖恩·拉斯克著；三米译.
厦门：鹭江出版社, 2025.8. -- (T文库). -- ISBN
978-7-5459-2596-8
Ⅰ.F0-49
中国国家版本馆CIP数据核字第2025PB7245号

福建省版权局著作权合同登记号 图字：13-2025-035号

THE LITTLE BOOK OF ECONOMICS
by Shaun Rusk
Copyright © Octopus Group Limited, 2023
Simplified Chinese translation copyright © 2025 by Light Reading
Culture Media (Beijing) Co., Ltd.
This Chinese edition is arranged through Gending Rights Agency (http://gending.online/)
All rights reserved.

出 版 人	雷　戎
选题策划	轻读文库
责任编辑	李　杰
特约编辑	张宝荷
装帧设计	马仕睿 @typo_d
美术编辑	林烨婧

JIAZHUANG DONGDIAN JINGJIXUE
假装懂点经济学

[英] 肖恩·拉斯克　著　　三米　译

出　　版：鹭江出版社	
发　　行：鹭江出版社	
轻读文化传媒（北京）有限公司	
地　　址：厦门市湖明路22号	邮政编码：361004
印　　刷：河北鹏润印刷有限公司	
地　　址：河北省沧州市肃宁县经济开发区宏业路北侧	联系电话：0317-7587722
开　　本：730mm × 940mm　1/32	
印　　张：4	
字　　数：70千字	
版　　次：2025年8月第1版　2025年8月第1次印刷	
书　　号：ISBN 978-7-5459-2596-8	
定　　价：25.00元	

本书若有质量问题，请与本公司图书销售中心联系调换　　　　未经许可，不得以任何方式
电话：(010) 52435752　　　　　　　　　　　　　　　　　　复制或抄袭本书部分或全部内容
　　　　　　　　　　　　　　　　　　　　　　　　　　　　　　版权所有，侵权必究

目录

前　言　　　　　　　　　　　1

引　言　　　　　　　　　　　5

第一章　微观经济学　　　　1

经济学的基本问题　　　　3

经济学家　　　　　　　　5

供求关系　　　　　　　　9

生产要素　　　　　　　　11

公共物品　　　　　　　　13

市场与市场失灵　　　　　15

各种类型的经济　　　　　17

边际　　　　　　　　　　19

营收　　　　　　　　　　21

什么是利润?　　　　　　23

企业经营目标　　　　　　25

弹性　　　　　　　　　　29

间接税	31
补贴	33
企业如何增长	35
成本	37
市场集中度	39
可竞争市场	41
实证表述和规范表述	43
生产可能性边界	45
规模经济和规模不经济	49
共谋	51

第二章　宏观经济学　　53

经济增长	55
经济周期	57
国家预算和预算控制	59
债务与赤字	61
通货膨胀	63
普通税	65
全球化	67
跨境贸易	71
银行利率	75
大衰退	77
生产率	79
工会	81
货币政策与财政政策	83
汇率（一）	87
汇率（二）	89
收入的循环流动	93
乘数效应	95

需求侧政策和供给侧政策	99
国际竞争力	103
影响经济增长的因素	105
经济增长的策略	109

结　语　　　　　　　　　111

前　言

现在是1348年。黑死病已经蔓延到了英国。此次疫情从亚洲开始，席卷欧洲，造成了严重的破坏、痛苦和死亡——大量的死亡。疫情结束后，约有60%的欧洲人口消失，大概是5000万人。

和当时大部分欧洲国家一样，英国正值**封建统治**时期，国王是爱德华三世。封建制度等级森严，国王位于顶端，将土地分封给各大贵族和主教。作为回报，贵族和主教宣誓"效忠"国王，在有需要时为国王提供军队。下面一层是骑士，他们也有自己的封地，并为自己的领主征战。底层是农民，他们在领主的土地上耕种，但需要上缴大部分产粮，并时不时承担其他工作。

很多农民因黑死病而死，封建制度也随之走向衰亡。从前有大量农民执行贵族的命令，如今却没有足够的人手了。贵族还想完成同样的工作，却面临无人可用的情况。

这样的情形赋予了幸存的农民更大的权利，他们可以选择为愿意提供更好条件的领主工作。此外，劳动力的稀缺使农民成了新兴的价值群体，使他们更有可能免受封建制度下常见的残酷惩罚。

从纯粹的经济学角度来看,封建制度正是因为**供求关系**的变化而开始崩溃。来自领主的需求远远大于实际供给,从而给予了供应方,即作为劳动力的农民更多权力来改变这种关系。而这就是经济学!

资本主义是一种令人震惊的信仰：最邪恶的人做着最邪恶的事情，却不知怎的满足了每个人的最大利益。

—— 约翰·梅纳德·凯恩斯

引 言

神秘博士在谈到时间时说:"它更像是一个用黏黏糊糊、稀稀拉拉的东西组成的大球。"经济学和这个形容有点像。它分为微观和宏观两个部分,这两部分往往也相互交织。和时间这个概念一样,经济学并非一门绝对严谨的科学,而是应对特定经济问题的方法论。

什么是经济学?

英文里的"经济学"(Economics)来自希腊语"eco"(意思是"家")和"nomos"(账目)。看来,经济学从有关家庭账本的问题发展而来,成为今天这样涵盖广泛的领域。

阿尔弗雷德·马歇尔是生活在19世纪末到20世纪初的英国经济学家,他在1890年出版了《经济学原理》。书中有一个定义至今仍然经常被人们引用:"经济学是对人类日常生活的研究。它考察了个人和社会行为中,与获得幸福的必要物质条件最密切相关的部分。"因此,一方面它是关于财富的研究,另一方面更是研究人类的关键。

正如马歇尔所说,经济学首先是关于人的。事实上,经济学的确很重要,你可以在几乎每个角落找到与经济相关的信息:电视、报纸和社交媒体。也正因如此,人们有了很多关于经济学的碎片化信息,却不知道如何把这些知识综合起来。

大街上的普通人或许并不是经济学家,却会根据自己对当下经济形势的信心来做出理财决策:如果认为一切顺利,就会增加消费;如果觉得经济状况不佳,就会多多储蓄,为可能到来的苦日子节省开支。

接下来的章节将带你深入了解你自身的教育、健康、技能、经验、消费和财富如何受到经济增长或经济下行的影响,以及经济形势如何干预政府在与我们的日常生活息息相关的领域的支出,比如教育、医疗、军事、治安等。

第一章

微观经济学

微观经济学着眼于经济学中范围较小的命题,研究人们和企业在分配稀缺资源时做出的决定,以及这些决定如何影响商品和服务的价格。

经济学的基本问题

我一直想要一辆宾利敞篷车,但一直没有。这是为什么呢?

好吧,大概因为我是个穷教书的!不过,这有助于理解一个**基本的经济学问题**,即**稀缺**。

经济学中有一个基本假设:**人的需求是有限的,但欲望是无限的。**

有限的需求指我们为过上健康的生活所必需的东西:食物、住所、温暖和衣物,以及教育和医疗保障。另一方面,无限的欲望指非必要,但可以让我们的生活变得更好的东西,比如:产自纳帕谷的葡萄酒,奔驰车和鲁布托的红底鞋!

稀缺性是对某资源的需求大于该资源的供应的结果,而大多数资源都是有限的。这意味着我们必须对如何使用这些资源进行决策,无论它们是原材料、时间还是金钱。

无论在社会上承担怎样的角色,都需要做出这样的决策。对个体来说,你可能会思考:"我们能生得起孩子吗?"企业则可能不得不决定是投资太阳能等可再生能源,还是继续使用石油等有限的不可再生能源。不同政府也有不同的经济政策，这些政策影响着人民的财富、健康和安全。

无限的欲望则催生了经济学的另一核心概念——**机会成本**，它可以被定义为**"被放弃的次优选择"**。比如，你想买一根士力架和一根玛氏巧克力棒，但手上的钱只够买其中一个。于是，你必须做出一个"经济决策"：选哪一个呢？如果选了士力架，那么这一决策的机会成本就是失去了玛氏巧克力棒。

机会成本也影响着政治和商业。例如，就算一个政府有很多钱，也必须决定把钱花在哪里，因为国家的资源仍然是有限的。如果政府决定在教育上花更多的钱，那么警察或医院的经费可能就会相应减少了。

经济学家

许多经济学家为经济学的发展做出了巨大贡献，其中一些人的名字尤为响亮。本节将介绍四位最有趣的经济学家。

亚当·斯密是出生于苏格兰的英国经济学家，人们一般称他为"经济学之父"。他于1776年出版的著作《国富论》，是对经济学思维的首次全面表达。其主要理论包括**"专业化"**和**"劳动分工"**，他主张这些做法可以提高效率、降低成本。斯密提出**"看不见的手"** 这一比喻，表明在自由市场经济中，消费者和生产者等**"自利个体"** 如何通过相互依存的体系来促进整个社会的普遍利益。

卡尔·马克思是德国思想家，于1883年去世，葬在伦敦海格特公墓。他的辉煌成就包括著作《共产党宣言》、四卷本的《资本论》，以及被称为**"马克思主义哲学"** 的理论体系。马克思认为社会存在两个基本阶级：**资产阶级**（生产资料的所有者）和**无产阶级**（不占有生产资料、被雇佣的劳动者）。他认为资产阶级注定走向灭亡，而无产阶级终将取得胜利。

约翰·梅纳德·凯恩斯是经济学界的"摇滚明

星",其思想在20世纪中叶占据主导地位。英国人凯恩斯是**现代宏观经济学之父**。尽管他在1946年就去世了,但其影响力一直存在。直到20世纪70年代,凯恩斯的思想才有些过时。不过,在"**2008年金融危机**"之后的几年内,他的经济思想得到复兴。

弗里德里希·哈耶克出生于奥地利,是**奥地利经济学派**的成员。1931年,他进入伦敦经济学院执教,并于1938年成为英国公民。他是**资本主义自由市场经济**的支持者,并强烈批评凯恩斯关于**政府干预**的经济思想。哈耶克主张,自由市场能激发企业家精神,鼓励创造和创新,这是社会繁荣的必要条件。

能使一个国家富有的不是一味积累金银财宝，而是民间经济的繁荣。

—— 亚当·斯密

供求关系

每天，我们都会根据价格、质量、外观等因素来决定是否购买一件商品。

消费者**有意愿和能力**以给定价格购买的商品或服务的数量，这就是**"需求"**；生产者有意愿和能力以给定价格出售的商品数量，这就是**"供给"**。

在许多国家，**市场力量**决定了供求关系——生产商供应了多少，以及人们想买多少。当供给很少而需求很大时，价格就会上涨；当需求很低但供应充足时，价格就会下降。

在下页所示的供求关系图上，需求曲线是一条反向、向下倾斜的曲线：价格越高，需求量越少。供给曲线则是一条正向上升的曲线：价格越高，产量就越大，企业利润也就越高。

两条曲线相交的点被称为**"均衡点"**。它代表一种理论上的静止状态：所有经济交易都按给定的变量发生——消费者以该特定价格购买，企业以该特定价格出售。

供求关系图

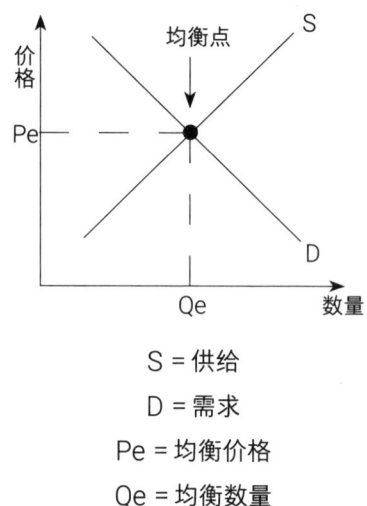

S = 供给
D = 需求
Pe = 均衡价格
Qe = 均衡数量

在供求关系中，**边际效用递减规律**至关重要：消费者每增加使用一个单位的商品，其满足感就会下降，该商品对他们的价值也会降低。**边际**指"增加一个单位"，比如多生产一件商品的成本，或多雇用一名员工所产生的利润。**效用**则指某人在使用某种商品的过程中获得的利益、满足感或幸福感。比方说，你刚刚穿越了沙漠，极度口渴，终于来到了一片绿洲。第一口水能救你的命，你当然愿意为它支付任何费用，但第二口水用处就没那么大了，第三口更是如此，你也不再愿意为它付那么多的钱了。

生产要素

生产要素指生产过程中创造商品或服务所需的投入，包括四个主要要素：资本、企业家才能、土地和劳动力。

在资本主义社会中，可以控制这些要素的人往往拥有巨大的财富，比如企业家、投资者。社会主义社会中，政府对这四个基本要素有更大的控制权。根据这四大要素的英文首字母，我们可以把它们简单记为CELL（细胞）。

资本（Capital）：这里指货币，但货币并不能直接投入生产过程。它被用来购买设备、机器和工厂等生产资料。由这一要素产生的收入被称为**利息**。

企业家才能（Entrepreneurship）：四大要素都很重要，但最关键的是有人可以推动企业的发展。企业家将其他三个因素结合在一起，创造出最高效的生产系统。由此产生的收入被称为**利润**。

土地（Land）：这项要素包括水资源、矿产、贵金属、石油、天然气等可再生或不可再生的原材料。土地要素是主要的生产要素，因为它可以直接创造经济价值。一般来说，这项要素产生的收益被称为地租。

劳动力（Labour）：指参与生产商品的任何人力投入，无论是体力劳动还是脑力劳动。许多经济观察家认为劳动力是经济价值的主要来源。人力资本的价值取决于劳动力的技能、所受训练、教育程度和生产力。通常情况下，劳动力所受训练越好，生产效率和生产力就越高。这一要素产生的收入被称为**工资**。

公共物品

公共物品指**非竞争性**和**非排他性**的产品或服务。这是什么意思?

公共物品一般指可以使所有社会成员受益的商品或服务,因此通常通过政府使用税收购买,从而免费提供给民众。如果一项商品或服务没有市场,企业就无法从中获利。公共物品没有市场价格,却对社会有价值。

体现公共物品**非竞争性**的典型案例是路灯。路灯为每个人照明,无论一个人或一群人使用了多少光照,其他人获得的照明量都不会减少。无论多少人使用,每个人都可以随心所欲、不受限制地得到等量的光照。

非排他性则意味着,这项商品或服务一旦被提供,几乎不可能排除其他人使用。例如,无论一个人开什么车,或者这个人开车有多么令其他道路使用者困扰,都很难阻止其使用公共道路。

公共物品还包括警察、国防和基础设施等。如前所述,公共物品通常对社会有益,但也可能伴随负面影响,比如大气污染。

纯公共物品指完全无法排除某人使用的产品,即使此人不愿意为它付费,例如国防。一个反对政府干预的人可能拒绝纳税,但如果国家被入侵,武装部队仍会保卫这个人的家园。

这一点也说明了公共物品中的"**搭便车**"问题,即部分人未承担相应份额或不支付任何费用,却使用或过度使用共享资源,从而对其造成负担。除了国防,灯塔也是一个很好的例子。无论是否支付灯塔的维护费用,所有水手都因其引航功能受益。

市场与市场失灵

新闻广播里，我们经常听到"市场"这个词，但它是什么意思呢？新闻里的"市场"一般指金融市场，比如华尔街或伦敦金融城，但也有其他含义。

总的来说，**市场是消费者、零售商等各方碰面并进行交易的地方**。市场可以在任何地方，但大多数市场都在商场里、大街上，如今也在网站上。除此之外，市场也可能指某种特定类型商品或服务的买家群体，比如我们常说的"食品市场""游戏市场"或"休闲市场"。

市场机制是自由市场的供求体系，由卖方和买方共同决定交易的商品或服务的价格和数量。当市场的竞争结果（**市场机制**）失效，同时给社会带来的成本过高或收益过低时，市场就会失灵。

市场失灵可以是完全的，也可以是**部分**的。一个**市场完全失灵**的案例是街道照明。显然，街道照明有需求，但完全没有市场或利润可言。想象一下，如果每个路灯都得投币才能使用，你背后或许就有个家伙偷偷跟着以免费获得照明。这也太荒谬了！

部分市场失灵意味着市场可能仍在运行，但需求和供给无法对应——要么生产错误数量的商品或服务，要么商品或服务以错误的价格生产。教育是说明部分市场失灵的一个例子：如果将其完全交给自由市场，人们将无法获得或创造足够的教育资源。因此，教育需要政府干预，通过建造公立学校来帮助教育行业实现经济效益。

市场失灵背后有很多原因。以下是一些最常见的因素：

外部性：第三方（非买方或卖方）获得利益或遭受损失。可细分为两种类型：**正外部性和负外部性**。英国人蒂姆·伯纳斯-李开发了万维网，并将其免费提供给每个人，这就是一种正外部性。而河边的工厂产生污水，污染了当地的供水，就构成了负外部性。

有益品和无益品：有益品为社会带来益处，比如教育和医保。这些行业可能存在自由市场，但自由市场无法将社会福利最大化。无益品则会在消费过程中产生负外部性，并通常在自由市场中被过度消费。吸烟就是一个典型案例：非吸烟者会受到伤害，当人们患病且需要医疗系统救治时，整个社会也会担负巨大的经济成本。

公共物品是全社会都可以使用，由政府通过税收购买并提供的商品或服务。国防和警察这两项公共物品很有代表性，不过，清洁的空气和饮用水是另外两种更基本的公共物品。

各种类型的经济

中国香港、美国和朝鲜有什么共同点？没想到吧，三者的经济类型非常相似。的确，美国和朝鲜的差别很大，仿佛位于光谱的两端。但在所谓的"自由之地"和"勇敢者的家园"[1]，也有远远超过你想象的政府参与。

经济体制主要分为三种类型：**自由市场经济、计划经济和混合经济**。自由市场经济也被称为**"自由放任主义"**，其特征是政府很少或根本不干预。在这个市场中，生产什么、如何生产以及为谁生产的基本问题是由市场力量决定的。

第二种是**计划经济**，也称指令型经济，由政府分配包括劳动力在内的所有稀缺资源。朝鲜是实行计划经济的典型国家，不过即便如此，其经济体制也不是看起来那样的全面、集中。朝鲜甚至也有私营企业，并且它们的经济重要性正在不断加强。

第三种是**混合经济**。混合经济是市场经济和计划经济的中间地带，世界上大多数国家倾向于使用这一

1　"自由之地"和"勇敢者的家园"出自美国国歌，这里代指美国。——译者注（如无特殊说明，本书注释均为译者注。）

经济体制。政府通常鼓励企业发展,但也会在必要时(如市场失灵时)对市场进行监管和干预。混合经济体制倾向于在以下情况下进行市场干预:减少不平等和负外部性,如控制香烟等无益品,同时提供路灯和警察等公共物品。美国是混合经济的典型案例,联邦政府的支出约占国内生产总值(GDP)的20%—25%。

边际

边际分析是经济学中的一个重要原则,可以帮助企业最大限度地利用资源,无论是人力、物力还是设备,并帮助企业逐步做出最终决策。所谓"逐步"是指"增加一个",无论是多制造一个产品的成本,还是多雇用一个员工之后对应增加的盈利能力。经济学家把这一概念称为"边际"。

如果生产5件商品的总成本为2000英镑,生产6件商品的成本为2350英镑,那么生产第6件商品的**边际成本**(MC)为350英镑。**边际收益**(MR)则指销售一个额外单位获得的额外收入。作为追求利润最大化的公司,如果MR大于MC,则应继续增加产量。而一旦MR等于MC,企业再生产更多产品获得的利润就会下降。

边际成本是多生产一个单位的额外成本。在图表中,它看起来就像耐克标志:一开始,边际成本会下降,但随后会上升。

营收

任何涉及经济活动的组织都希望获得更多营收,无论是帮助他人的慈善机构、雇用更多员工的小企业、增加资本投入的大公司,还是建造更多医院和学校的政府。

总收入(TR),也称营业额,是企业从销售商品和服务中获得的全部金钱。记住,总收入并不是利润。一个企业可能有巨大的收入,但也可能有巨大的成本,因此利润可能很小。一般来说,拥有更多收入确实能带来更大的利润潜力,因为有更多资金可用于投资工人、设备,甚至通过收购另一家公司进行扩张。

计算总收入的公式很简单:**价格 × 数量**,可以简写为 TR = P × Q。

平均收入(AR)就是单位收入,换句话说,是每件商品或服务售出的价格。在一些图表中,你可能会看到 D = AR,意思是需求价格与平均收入相同。它的计算公式为:**平均收入 = 总收入 ÷ 数量**,可简写为 AR = TR ÷ Q。

最后再说说**边际收益**(MR),即增加销售单位产出（商品和服务）产生的额外收入。边际收益很重要，因为它是产出水平变化后总收入之间的差额。边际收益遵循**"收益递减规律"**，即随着生产投入增加，产出增幅逐渐减小。只要边际收益（MR）大于边际成本（MC），公司的利润就会持续增长。一旦MR = MC，企业就应该停止销售更多的商品或服务，因为已经达到**利润最大化**，继续增加产量将导致利润下降。

什么是利润？

企业都有会计师，他们会说利润等于收入减去成本。但经济学家觉得没这么简单！**经济利润**（也称**正常利润**）等于收入减去**显性成本**，再减去**隐性成本**。

让我们来分解一下成本。**显性成本**指租金、电话费、工资和其他常见的成本。**隐性成本**是指没有选择做其他事情而产生的**机会成本**。简单来说，一家企业不会在另一个行业赚更多的钱，所以最好不做"其他事情"，坚持目前的市场。

> 例如，假设金·卡戴珊决定改变她的事业，开一个养猪场。
>
> 她的会计说：收入500万美元 - 费用300万美元 = 利润200万美元。
>
> 她的经济学家说：收入500万美元 - 显性成本300万美元 - 隐性成本8000万美元 = 经济损失7800万美元。
>
> 金啊！转行的机会成本太高了！这不值得！

要获得经济利润或正常利润，意味着**总收入要等于总成本**，即：收入－显性成本－隐性成本＝零。

正常利润可以定义为企业在特定市场内继续经营所需的最低回报，通常用于考虑业务战略时的假设分析，不记录在公司的财务报表内，因为没有针对它的法定要求。

超额或**超常利润**指高于正常利润的正利润。正常利润指总收入等于总成本，超常利润则是指总收入大于总成本。在行业形成初期进入的企业往往会获得超常利润，但随着时间的推移，越来越多的公司会因此被吸引到同一个领域，这增加了竞争，也扩大了消费者的选择。从长远来看，大多数企业会获得正常利润。

企业经营目标

企业扩大经营的原因有很多，可能是出于慈善，想带来社会效益，但主要原因一定是纯粹的商业愿望，从而推动企业前进：赚更多的钱，占领更多市场份额，或通过收购巩固自身地位。

大多数企业都由**利润动机**驱动，但有时可能也会谋求更大的销售额或收入。在这里我将重点介绍三种企业经营目标：**利润最大化、销售最大化和收入最大化。**

在总收入和总成本之间的差额达到最大时，**利润最大化**就产生了。或者用经济学家的话来说：边际收益等于边际成本时，利润达到最大。后文的图表解释了这一点，只要边际收益（MR）大于边际成本（MC），继续增加产量就对企业有利；但一旦MR等于MC，任何进一步的生产都会降低利润；如果还要继续，就可能造成亏损，因为成本将大于收入。实现利润最大化并不容易，其中有许多变量：市场竞争程度、企业的短期和长期目标，以及希望达到的社会目标等。

销售最大化，也称增长最大化，指关注销售量的增加，而非利润或收入。**平均收入（AR）= 平均成本（AC）** 时，就实现了销售最大化。也就是说，在不造成损失的情况下销售尽可能多的商品或服务。这一状态也被称为一家公司的**盈亏平衡点**。短期内，一家新企业可能想要占有一定的市场份额并获得客户的忠诚度，因此会以较低的价格出售产品，获得正常利润。一旦有了足够的市场份额，企业可能转向利润最大化战略，并提高产品的价格。

第三种经营目标是**收入最大化**，我一直认为它和销售最大化类似。这是利润最大化的另一种方案，指出售额外单位的边际收益（MR）为零（MR = 0）时，此时销售更多的商品或服务不会再带来任何经济效益。收入的增加可能使公司能够通过自筹资金投资，实现内部增长，而无须依赖银行贷款或股票期权。

收入最大化和销售最大化的目标可能不会让股东感到高兴，因为他们只有在企业盈利时才会收到股息。这便体现了经典的**委托代理问题**。

委托代理问题可以理解为首要利益的冲突。股东（委托人）无法直接参与企业的日常管理，所以他们雇用了首席执行官、董事和经理（三者都是代理人）来做决定。这些代理人可能有不同的企业经营目标，如实现收入最大化或销售最大化，而非利润最大化。如果销售或收入增加，代理人可能会获得更多奖励，比如奖金。部分问题在于信息不对称，代理人可能在做日常决策方面掌握更多的信息，最终结果却不是委托人想要的。

利润最大化图表

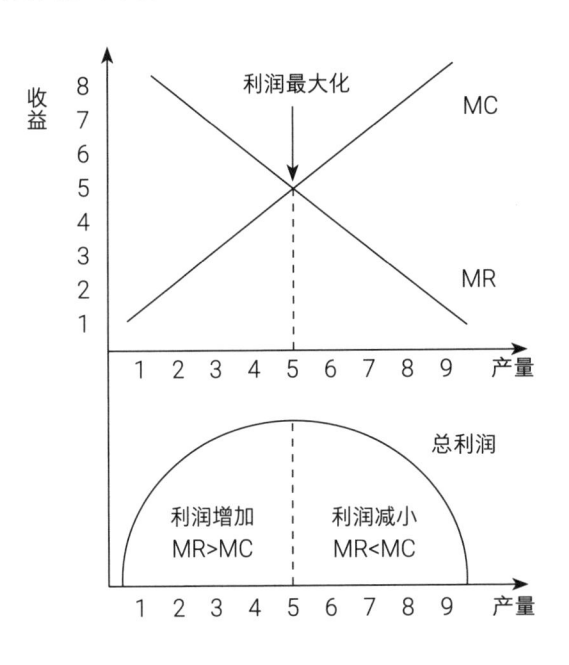

MC = 边际成本

MR = 边际收益

弹性

弹性有助于企业制定与定价、收入和利润相关的经济决策,以及广告、营销等运营策略。

弹性主要的三种形式是:**需求价格弹性、需求收入弹性与需求交叉弹性**。我将重点介绍需求价格弹性(price elasticity of demand, PED)。弹性解释了一个变量(比如需求)对另一个变量(比如价格)变化的反应。

听起来很复杂,但我们可以用公式来表示。以下是计算PED的公式,不过其他形式的弹性也有类似的公式:

$$需求价格弹性 = \frac{需求变动率(\%)}{价格变动率(\%)}$$

这是什么意思?举个例子,假设一天晚上,爸爸下班回家惊呼道:"汽油又涨了!只能这么办了!我们得把车卖了。我打算买一群羊驼,这样下周我们可以骑着羊驼去看望梅布尔姑姑。"但事实上,第二天爸爸给油箱加满了油,以防油价又涨了。

假设汽油价格上涨了10%,或许真的有人会选择骑羊驼出行，但大多数人应该都会继续购买和使用汽油。消费者的需求可能会下降一小部分，比如1%。需求下降的比率低于价格上涨的10%。那么，汽油的需求价格弹性有多大呢？

实际上，汽油缺乏弹性。在这种情况下，尽管价格上涨，消费者仍会购买几乎同等数量的商品。比如，人们会觉得购物、带孩子去橄榄球训练、拜访梅布尔姑姑等行为是必要的。只要需求的百分比变化小于价格的百分比变化，就代表着**缺乏弹性**；反之，则意味着**富有弹性**。

汽油缺乏弹性的主要原因之一是它没有真正的替代品。电动汽车的销量确实正在增长，但汽油车在一段时间内仍将是王者。所有企业都在努力提供缺乏弹性的商品或服务，因为即使提高价格，需求也会保持相对不变，企业就可以获得更大的收入和利润。

汽油是缺乏弹性的典型例子，香烟和药物更是如此。

除缺乏弹性的商品或服务外，**垄断行业**通常也具有缺乏弹性的特征。垄断行业指缺乏竞争的行业。谷歌就是一个典型的例子，因为它控制着超过90%的搜索引擎市场。

商品或服务越被"需要"，就越没有弹性。而"想要"是有弹性的，随着价格的上涨，该需求会以更快的速度下降。

间接税

间接税是政府对产品和服务征收的税。这种税是间接产生的,主要是因为它由客户向企业缴纳。然后,该企业计算出自身所有应收和应付的税款,并将净额交给政府。这样一来,企业承担了税收代征者的角色。

美国有销售税,商品和服务的税率由各州决定,而非联邦政府。在英国,增值税由国家政府制定。澳大利亚也有类似的税,名为商品和服务税。间接税也可被称为支出税。

在我落笔时,英国增值税的税率为20%,教育和慈善活动免征增值税,食品则适用零税率。不用说,美国的消费税政策非常复杂,各州制定的政策各不相同。

和所有的税收一样,间接税被用于为政府创造收入,同时有助于抑制使用"有害的"产品和推广"好的"产品。比如,酒精通常被认为是有害的,食物则是有益的,而所谓的"垃圾食品"可能会被征税。

间接税主要有两种类型:**从量税**和**从价税**。**从量税**是按单位征收的税收,也是关税的主要征收方式。每销售一个单位，就征收一定额度的税，例如每包香烟征收10便士的税款。**从价税**（如英国的增值税）则是根据商品或服务的价值征收一定比例，通常以百分比的形式表示。在英国，如果一件商品的价格是10英镑，增值税就是2英镑，作为消费者，你将支付12英镑。"从价"的意思就是"按价值"。这对政府来说是一种非常有用的税收政策，因为随着经济增长，消费者购买更多商品和服务，政府就会获得更多税收收入。政府无须调整税收比例，就可以实现收入的增长。

补贴

补贴是政府为鼓励生产和消费而向企业提供的经济支持。大多数情况下，补贴是针对行业的，但也可能给予个人或机构。它通常以直接的现金支付形式发放，每单位产量获取一定金额的补贴；也可以是间接的，例如通过税收减免的方式。补贴旨在鼓励企业开展政府认为符合公众最大利益的经济活动。这与税收正好相反。

> 以下是一些补贴的例子：对可再生能源的补贴，如太阳能和风能，以减少我们对化石燃料的依赖；医疗补贴，如英国国家医疗服务体系（NHS），以及世界各地的同类政策，以确保一般民众能获得医疗服务；农业补贴，政府可能补贴农民的农产品，使之更便宜，从而鼓励人们吃更健康的食物；住房补贴，为首次购房者或低收入者提供负担得起的住宿；对出口商的补贴，以增加贸易顺差或减少贸易逆差；公共交通补贴，这可能导致正外部性，因为道路汽车的减少有助于减少污染和拥堵。

和生活中大多数事情一样，补贴也有缺点。首先，它可能很贵。由于政府需要更多收入来支付补贴，税收负担便会增加。还有人认为，行业补贴会降低企业的积极性、创新性和效率。欧盟共同农业政策就是一个例子。这项政策通过控制供应来确保农民获得最低限度的收入。在某些情况下，农产品会被撤回，以维持价格和确保农民继续经营。此外，补贴一般是临时措施，可一旦引入，往往在政治上难以收回，即使社会福利已经出现净损失。

企业如何增长

在某些情况下，一家企业可能难以实现增长。它可能面临利基市场，因而很难扩张；也可能面临专业知识或资金方面的限制。政府的法规也可能限制经济增长，例如设立更严格的执照或许可要求来提高准入门槛。另一方面，保持较小规模可能是企业深思熟虑的策略——例如，为避免吸引大公司的注意，成为被收购的"盘中餐"。然而，许多企业家都梦想成为下一个亨利·福特、安德鲁·卡内基、理查德·布兰森或杰夫·贝佐斯。虽然统计数据显示，大多数企业都失败了，但这个梦想仍在年轻企业家心中燃烧。

那么，企业如何实现增长呢？主要有两种类型：内部扩张和外部扩张。

内部扩张，也称有机扩张，指公司保留足够的利润，将其再投资至新资产，如新技术、新员工或新工厂。

外部扩张，也被称为无机增长，指通过与其他公司的整合来实现增长，往往可以更快实现。企业整合可以通过友好协议或恶意收购的方式实现。后者指一家公司在没有得到另一家公司董事会同意的情况下直接收购了这家公司的股份。

整合可以是**横向整合、垂直整合**或**集团整合**。**横向整合**是指两家处于同一生产阶段的企业进行合并,比如2006年迪士尼以74亿美元收购了皮克斯。垂直整合指两家处在不同生产阶段的公司合并,比如2005年谷歌收购安卓系统。可以向前整合,与处于生产前一阶段的公司合并,从而更接近产品的来源;或向后整合,与处于下一个生产阶段的公司合并,更接近消费者。最后一种是**集团整合**,或称**多元化整合**。当在完全不同的市场经营的公司进行合并时,就会发生这种情况。比如韩国的三星就涉足多个市场,比如智能手机和造船业等。

成本

费用、花销、支出、经费和开支……这些词语都可以指同一个术语：成本。

那么，成本分为哪些呢？好吧，深呼吸，我们一起来算算……有固定成本、变动成本、总成本、平均成本、平均变动成本、平均固定成本、边际成本、沉没成本、短期成本、长期成本，更不用说机会成本、社会成本和——很多成本！

成本是指企业在生产商品和服务过程中产生的总费用。基本成本包括**固定成本**和**变动成本**，它们加在一起，就构成了**总成本**（TC）。**固定成本**（FC）也被称为间接成本，不会随着产量变化而变化，在一段时间内保持不变，比如房租、保险费用和员工薪水。**变动成本**（VC），也被称为直接成本，随着产量的变化而变化。比如，若产量增加，原材料和燃料的成本也会增加。

平均成本（AC）指每单位产品的平均成本，有时也表示为**平均总成本**（ATC）。其公式为：AC = TC/Q（产量）。除此之外，**平均固定成本**（AFC）= 固定总成本（TFC）/产量（Q），**平均变动成本**（AVC）= 变动总成本（TVC）/产量（Q）。

边际成本是生产额外单位商品产生的额外成本。计算公式为：MC = 总成本的变化（ΔTC）/产量的变化（ΔQ）。

沉没成本是一种无法收回的成本，广告就是一个很好的例子。

短期成本和**长期成本**的时间跨度很难界定，因为每个行业都受到不同的影响。例如，卖比萨的行业会比开采黄金的行业更快适应市场环境。短期成本的生产因素是固定的，比如资本，因为建立一个新工厂需要更长的时间；而长期成本中，所有生产因素都是可变的。

市场集中度

大家应该都听说过**垄断**,不过除此之外,还有**买方垄断、垄断性竞争和寡头垄断**。

垄断指主导一个行业的业务,形成该行业内"只有一个卖家,但有许多买家"的局面。要想形成垄断,一个企业至少需要占有25%的市场份额。但在自由市场经济中,垄断是不受鼓励的,因为它扼杀了企业的自由竞争,减少了消费者的选择。

除**市场份额**外,垄断企业还具有一些特征,比如:在短期和长期内获得**超常利润**、使进入该行业存在**较高壁垒**,以及在该市场内拥有**定价权**。在**纯粹垄断**的情况下,只有唯一卖家。英国的超市行业就是一个垄断行业,因为乐购拥有超过25%的市场份额。此外,它也是一个寡头垄断企业。

寡头垄断指由几家企业主导行业或市场,其市场集中度较高。它具有以下特点:几家企业具有相互依赖性,一家企业的决策(如定价和产量)会受到其他公司的影响;**进入壁垒高**,阻碍新企业获得市场份额,但通常没有垄断企业那么高。除此之外,企业经常在广告和产品质量等非价格因素上竞争,实现**产品差**

异化。

垄断涉及一个卖家和许多买家,**买方垄断**则相反:买家只有一个,而卖家有许多个。比如,一座小镇上只有一家雇主,它便能够决定工资水平和雇佣人数,在雇佣市场拥有绝对市场权力。买方垄断企业通常不欢迎工会等组织来代表雇员的权利,因为集体谈判可能赋予员工更对等的话语权和更高的工资。

在**垄断性竞争**市场中,许多企业提供相似的商品或服务,通过定价和营销手段等实现差异化竞争。垄断性竞争市场可以自由进出,很难产生超常利润。每个城镇的商业街就是垄断竞争的范例,即同一市场内的企业在质量、价格、特色等方面进行差异化竞争。

可竞争市场

制造可竞争市场意味着保护消费者权益。市场应该创造更多的竞争,使消费者拥有更多选择,同时降低商品和服务的价格。

可竞争市场有许多特点:它允许**自由进入**,同时退出成本很低。因此,现有企业(已经在这个市场上的企业)需将价格维持在接近市场均衡的水平,以避免吸引新的竞争者进入市场,后者进入市场后只能获得正常利润。但在**新兴市场**中,企业可能在初期获得超常的利润,因此可能采用"赚一笔就跑"的策略进入市场;一旦竞争加剧、利润被侵蚀,就迅速离开。在可竞争市场中,**沉没成本**较低,企业能在离开时收回大部分成本。随着技术的发展和普及,新企业也更具进入市场的潜力。

实证表述和规范表述

某个表述是"实证表述"还是"规范表述",取决于它是真实还是虚假的、是否基于价值判断、是事实或虚构。

实证表述是可以被验证为真或假的陈述。它基于相关事实和数据、客观数据分析,可以用事实证据检验,从而被接受或被拒绝。"将会"和"是"这样的词,通常是实证表述的标志。

以下是几个实证表述的例子:"国家医疗服务增加公共支出"——这是基于事实的表述,可以通过相关经济数据来检验它是否真实。还有"提高酒类税会导致需求下降,酒吧老板的利润将会减少"——同样,酒吧老板的账目可以验证该表述的真假。这两个表述都不涉及价值判断。

实证经济学由著名经济学家米尔顿·弗里德曼推广。他提出,经济科学应该客观地分析数据,不带任何偏见。

规范表述则基于价值判断。它们是主观的,源自个人角度,作为个人意见而非事实证据。当然,"价值判断"的说法比"个人意见"更准确。规范表述的目的是通过探讨"什么应该发生"和"什么可以发生",来总结各种经济发展和形势的可取性。诸如"应该"和"可以"这样的词通常是规范表述的标志。

正如威灵顿公爵所言:"世上有谎言、该死的谎言和统计数据。"不同的经济学家可能基于同一组数据做出不同的价值判断。政治家也经常诉诸规范表述,提出所谓"应该如何"或"可以怎样"的经济主张。

以下是一些规范表述的例子:"自由市场是分配资源的最佳方式"——这一表述基于价值判断,它表明一种资源分配方法比另一种方法更好,却没有提供任何事实证据。还有,"政府应该增加酒类税"——同样,没有提供任何证据,"应该"一词也明确指向了规范表述。

生产可能性边界

生产可能性边界（PPF），有时也被称为**生产可能性曲线**，表明一个国家的经济在现有资源条件下所能达到的最高生产效率水平。这里的资源指的是生产要素（CELL）——资本、企业家才能、土地和劳动力。请记住，经济学的基本问题来自需求的无限性和资源的有限性。

生产可能性边界在经济学中扮演着重要的角色，通常在图表上以曲线形式表示。它表示两种受相同有限资源约束的产品的最大可能产量，从而凸显了如何使用这些稀缺资源的问题。与所有的商品和服务一样，在决定两种商品或服务生产多少时，也存在机会成本。如果X的产量增加，那么Y的产量就会减少（详见本节图表）。

以**资本品**（用于生产产品的机器）和**消费品**（出售给消费者的实际成品）为例，资本品的生产扩大将提高经济的长期生产力和消费者的生活水平。

生产可能性边界也可以说明**权衡**以及**目标冲突**的概念。**权衡**指在相互存在竞争的用途之间做出选择。例如，不同的政府部门（医疗、教育或者失业救济）

想要在国家经济或预算中获得更大份额。**目标冲突**源于决定生产哪些商品和服务时所涉及的机会成本。比如，生产更多的枪可能更有利可图，但如果种植更多的玫瑰，世界可能更加美好。

生产可能性边界

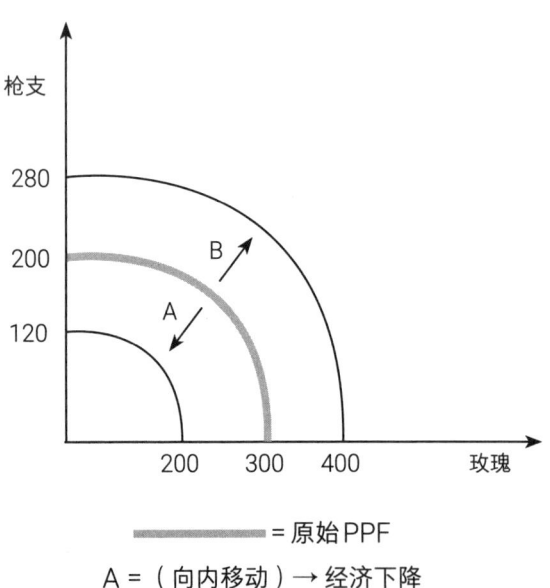

```
枪支
 ↑
280
200        B
            ↗
120    A
        ↙
    ────────────────→ 玫瑰
     200  300  400
```

━━━ = 原始PPF
A =（向内移动）→ 经济下降
B =（向外移动）→ 经济增长

生产可能性边界可以向内或向外移动。**向外移动**意味着通过增加生产要素来促进经济增长。其中可能有很多因素在起作用：**创新**可以提高效率，提高产量；**投资**可以购买更好的机器，提高生产力；**教育**和**培训**可以增加劳动力的知识，提高生产率；更好的**生产方法**，如专业化分工，可以提高效率；**移民**增加了可用的工人数量，从而提高了产量。

向内移动表示生产要素未得到充分利用和经济衰退。例如，一个工厂未能满负荷工作，而有闲置的产能。而由于需求减少，为了维持利润，工厂可能不得不裁员。这种情况通常发生在经济低迷时期，比如经济衰退。当需求又增加时，企业就可以利用闲置的产能来增加产量——如果他们没有裁掉太多工人的话！

规模经济和规模不经济

大小可能很重要,但太大也可能是个问题!换句话说:规模到底经济不经济!

规模经济是大公司相比小公司具有的一种优势。企业通过增加生产和降低成本来提高效率,实现规模经济。生产的商品越多,成本分摊得越广,每件商品的平均成本就越低。规模经济的一个典型例子是**批量购买**。如果一家企业只购买一件商品,就需要承担这一件商品的生产成本和运输成本;但如果订购了大量的成品或原材料,生产和运输成本就会降低。一旦支付了生产的启动成本,产量越大,成本就越低。卡车运送大量商品所需的时间与运输单件商品相同,这样一来,每件商品的运输成本也会下降。

具备规模优势的企业有多种选择:为了让股东满意,它可能决定增加股息,甚至可以提高员工的工资;也可能保留这些利润,进行进一步投资或收购;还可能通过降低价格来获得更大的市场份额,从而提高竞争力。

内部规模经济指的是一家企业,**外部规模经济**则是指整个行业。内部规模经济有多种模式,包括技术、行政、采购、财务和风险承担等。

当企业规模扩大到一定程度,导致效率降低、单位成本上升时,就会出现**规模不经济**。此时,尽管产量仍在增长,成本却未能降低。管理大量劳动力可能导致的效益衰退等原因造成了规模不经济。随着业务扩张,来自各个层次和部门的员工都需要准确的信息来完成工作。然而,在沟通与信息传递过程中,可能出现延迟和失真,导致对市场变化(口味、时尚、原材料、技术或生产过程等)响应迟滞。

规模不经济的其他原因包括:缺乏竞争导致的"X无效率";大量劳动力缺乏动力或无效工作导致的生产率下降;劳动力过剩。以下是我最喜欢的一个例子:一家餐厅刚开业,好评如潮,餐厅的厨师技艺精湛,拥有设备齐全、足够宽敞的厨房。于是,老板雇了另一位厨师,此时仍有足够空间和设备。之后老板雇用的厨师一个接一个,直到厨房人满为患,厨师开始相互妨碍:微波炉被频繁占用,舒芙蕾的蛋白也来不及搅拌。就这样,餐厅效率低下,成本上升,舒芙蕾也做不出来了。

共谋

共谋指竞争对手为双方而非消费者的利益达成合作的非竞争性行为。它通常发生在寡头垄断或双头垄断之间，目的是影响生产和价格水平，破坏公平竞争的正常进程。

共谋通常是非法的，而且是秘密的，但石油输出国组织（欧佩克）除外。这是一个由石油出口国组成的"卡特尔"，共有12个国家。成员国经协商确定各自向世界市场的石油供应量，从而操纵全球的石油供应及价格。当它们减少供应量时，石油的价格上升；供应增加后，价格就会下降。

事实上，欧佩克并没有完全的石油价格控制权，因为美国、英国和挪威等石油生产国都不是其成员国。俄罗斯也不是成员国，但似乎在某些情况下与欧佩克有特别的关系。尽管欧佩克没有完全垄断石油行业，但仍具有相当大的影响力。

第二章

宏观经济学

宏观经济学是对整体经济的研究,涉及大规模或总体性的经济因素及其在经济中的相互作用。

——美国联邦储备银行

经济增长

并非所有人都是经济学家,但对普通人来说,如果从新闻里听到GDP正在上升或下降的报道,很可能会因此决定改变自己的消费习惯。

为什么会这样呢?**GDP代表国内生产总值**,用来衡量一个国家在特定时期内生产的经济价值。如果GDP上升,国家就会更富裕,经济不断增长,人们的支出增加,税收增加,企业可能通过创造就业和投资等方式扩张。如果GDP下降……你想想吧!

GDP往往按季度和年度统计,数据来自成千上万家不同的企业。在英国,国家统计局负责收集和公布这些统计数据;在美国,是经济分析局承担这项工作。这两个机构都独立于政府。

以下是对一些GDP相关术语的快速解释:

实际GDP是通货膨胀已被考虑在内的国内生产总值。如果经济在一年内增长3%,但通货膨胀率为1%,那么实际的经济增长率为2%。**名义GDP**则指未经通货膨胀调整的国内生产总值。因此,3%的名义GDP可能会产生误导,因为它可能高于实际GDP。**人均GDP**是指国内生产总值除以国家人口得到的结果。

另一个与GDP息息相关的术语是经常出现在新闻里的"**总需求**"（AD），指整个经济体在特定价格下的总支出水平。它是经济增长的短期指标，用来衡量消费者、企业和政府在商品和服务方面的支出。它有一个公式：AD = C + I + G +（X - M）。

消费（C）是其中最大的组成部分，代表消费者在商品和服务上的支出。投资（I）是企业在资本设备和建筑等新项目上的支出。政府（G）表示在学校、医院和其他基础设施项目上的支出，以及向教师、护士和其他公共部门雇员支付的工资。出口（X）减去进口（M）是国家出口和进口商品及服务的差额。如果进口超过出口，就会出现**贸易逆差**，国家的经济状况会受到影响。

经济周期

年长的读者可能还记得,从前似乎会定期出现**"繁荣和萧条"**的经济周期——经济从增长期进入收缩期,然后再反过来。但这样的周期似乎已成为过去时。如今,世界上许多政府改善了经济思维,现有的数据也要可靠得多,这种经济波动就不像以前那么频繁了。不过,所谓的"繁荣和萧条"是**经济周期**(也被称为贸易周期或商业周期)的正常组成部分。

经济周期指经济在扩张和收缩之间波动的过程。扩张(繁荣)是经济增长的时期,收缩(萧条)则相反,说明经济衰退。

正如"周期"一词所示,经济扩张和收缩的时期交替出现。2007年开始的金融危机是最近的一次全球重大经济衰退。此外,两次衰退的间隔(一个经济周期的长短)在很大程度上取决于一个国家是工业化国家(如美国),还是新兴经济体(如越南)。

经济增长的主要指标是GDP,衡量我们生产了多少经济价值。经济学家还分析其他各种数据,如利率、就业水平和消费者的购买力。

和所有经济学概念一样,有很多种方式来描述经济周期的不同阶段。在我看来，经济周期分为四个阶段：第一阶段是**扩张**，意味着GDP越来越高，对经济前景的信心增强，消费者支出水平上升，企业投资增加，利润增加。价格可能因需求而上涨，失业率则因更多的就业机会下降。第二阶段是一个周期内的**高峰**，经济增长达到了最高水平，并由于经济失衡而开始下滑。这有时也被称为"过热"，即生产无法维持供应以满足需求。第三阶段是**衰退**或**下行**。经济增长率下降，甚至变为负增长。随着失业率的增长，经济信心也会下降。第四阶段是**复苏**。随着消费者增加，支出增加，信心上升，企业也开始增加产量，考虑新的投资……

国家预算和预算控制

无论是小乔尼想把他的零花钱花在哪里、他的父母准备装修浴室或外出度假,还是国家政府决定雇用更多的警察或为失业人群提供更多的帮助,都涉及预算。

从根本上讲,任何类型的预算都涉及两个问题:你有多少钱,以及你计划如何使用它。**家庭预算**必须先满足一些固定开支,比如电费,剩余的可支配收入可以用来重新装修房子、购买新车,甚至买一双鲁布托红底鞋!

下面我们再一起看看国家层面的预算。美国联邦预算需经历一个非常复杂的过程,总统提交提案后,美国国会的参众两院将共同参与,做出财政决策。

在英国,每年政治界都有一场"重头戏",即英国财政大臣会在下议院发表讲话,根据政府预计的财政收入和借款需求,宣布未来一年的公共支出计划。英国的财政年度从每年的4月1日开始。和所有预算一样,政府的财务账簿也需保持平衡。因此,如果预计支出大于收入,政府就会借款来弥补赤字。

英国财政大臣会在秋季公布预算,通常是10月底,并在春季给出一个"迷你预算"(更正式的称呼是"春季声明",根据财政年度结束前的最新经济数据得出)。

至于政府的**借款需求**,鉴于每任政府班子都希望继续执政,因此在大选前夕,无论经济形势如何,政府提出的税收与支出政策往往都是取悦选民的权宜之计。政府当然可以增加税收,但这往往并不能让选民感到开心。取悦选民的开支会不可避免地造成**预算赤字**,而缓解收入短缺的主要途径是从私营部门和金融市场借款。然而,这增加了国家债务。

财政赤字主要发生在经济下行时期。因为税收减少,所以需要更多的借款。在经济增长时期,税收增加,借贷减少。自1970—1971年以来,英国只在6个财政年度实现了财政盈余,最后一次预算盈余是在2000—2001年。这是好是坏?由你来判定吧。

债务与赤字

债务和**赤字**是宏观经济学中最常见的两个术语。媒体倾向于混用它们,但这是不正确的。不过,它们都涉及同一个问题——欠款,以及经济的实际运作情况。

当一个财政年度的支出超过税收收入时,政府可能会有**财政赤字**。在英国,官方术语称其为"公共部门净借款"。当政府不得不借钱时,多年来赤字的累积就构成了**国家债务**。换句话说,国家债务就是一个国家欠钱的总和。

在我写到这里时,美国国债约为31万亿美元,英国为2.5万亿英镑(约2.8万亿美元),而德国为2.3万亿美元。在许多情况下,债务的规模不如国家的偿还能力重要。英国目前的债务与GDP的比例约为97%,是1962年以来的最高水平,但有些国家的比例还要高得多。而德国的这一比例约为67%。比例较高的国家可能不得不增加税收,减少公共支出。

有多种不同类型的赤字,比如:**周期性赤字**和**结构性赤字**。周期性赤字是与经济周期相关的临时赤字,涉及税收收入和支出的波动。该赤字的规模将受到经济状况的影响：经济繁荣期，税收收入高，失业率较低，赤字缩小；经济衰退期，税收水平降低，失业救济方面的支出会更高。

另外一种是**结构性赤字**，它发生在经济运行处于正常或可持续水平，且就业率较高或接近充分就业的情况下。结构性赤字不受经济周期的影响，而表明经济中存在长期的结构性问题：政府借款变得昂贵且不可持续，而经济产出的增长率则处于长期低迷的状态。

通货膨胀

我们都知道什么是通货膨胀，对吧？是的，通货膨胀意味着价格上涨，无论你买的是《侠盗猎车手》、食品还是鲁布托！通货膨胀使用的是什么指数，它是如何计算的？什么是购买力？什么又是通缩、反通货膨胀和滞胀？

通货膨胀指价格随着时间的推移普遍上涨。不过，是和什么时候相比呢？昨天，上个月，还是去年？回答这个问题之前，我先解释一下衡量通货膨胀的指数。

居民消费价格指数（CPI）是全球通用的通胀指数。它假设有一个装有商品和服务的"篮子"，根据其总价来计算通胀率——篮子里约有650至700件商品和服务。当然，这个数值在不同国家存在差异，美国每月大约对商品和服务的价格进行94000次的抽样调查。"篮子"里的商品和服务也会根据社会的变化定期调整。例如，英国的居民消费价格指数新增了运动内衣和宠物项圈等项目，同时去掉了甜甜圈和男士西装。此外，一些项目被给予更大权重，因为它们对实际收入有更显著的影响。比如，电价上涨相比咖啡涨价对消费者支出的影响更大。

通货膨胀意味着将今天的价格与一年前进行比较。比方说,澳大利亚的通货膨胀率为6.1%,就意味着当地物价自去年同期以来上涨了6.1%。

通货紧缩与通货膨胀相反,指随着时间的推移,价格普遍下跌。价格下跌一定是好事吗?在短期内,答案是肯定的;但从长期来看,就并非如此了。价格下跌时,消费者会增加支出,购买力增强。但如果持续通缩,消费者会等待价格进一步下降,造成"螺旋式通缩",总需求下降。企业的销售额下降,就需要通过裁员等措施来降低成本。之后,可能导致经济信心降低,消费者支出减少,商业投资减少,甚至经济衰退。

反通货膨胀指通货膨胀仍在发生,但速度减缓。比如某年的通货膨胀率为3%,第二年为1%。反通货膨胀意味着价格仍在上涨,只是没有那么快。

滞胀很少发生,但有时会被媒体提及。滞胀意味着通货膨胀、经济产出下降,伴随着失业率上升和收入下降。

世界上许多国家都有一个**通胀目标**,通常为2%到3%的通胀率。之所以设定这一目标,是因为国家政府认为该水平是可实现和可持续的,且能促进**价格稳定**。它也能使企业更准确地评估商业环境中的长期成本和风险,增加投资信心。理想情况下,企业扩大投资将推动总需求,并有助于国家的整体繁荣。

普通税

你还记得《神秘博士》里那"黏黏糊糊、稀稀拉拉的东西"吗？嗯，以下将会讲到一些微观经济学和宏观经济学变得"黏黏糊糊、稀稀拉拉"的例子！

税收有三类：宏观经济学中有**累进税**和**比例税**，微观经济学有**累退税**。一般来说，普通税是累进税，间接税是累退税。

累进税基于收入者的支付能力收取，可以减少社会不平等。简单来说，收入越高，人们付的钱就越多。**个人所得税**是一个典型例子。英国的个人所得税目前有三个税阶：20%的基本税率，适用于更高收入群体的40%的高额税率，以及适用于年收入为12.5万英镑及以上人群的45%的附加税率。

那么，年收入15.5万英镑的人是否需要按总收入的45%支付税款呢？答案是否定的。只有超过12.5万英镑的部分（3万英镑）需要按45%的附加税率支付，收入的其他部分将适用于不同税阶，按不同税率缴纳。

税阶可能发生变化。此外，以澳大利亚和英国为例的一些国家为所有纳税人提供一定额度的免税起征点；而在像加拿大或美国这样的国家，从有收入开始就得纳税。

比例税按固定基本税率缴纳，适用于所有纳税人，无论收入高低。美国有7档联邦税阶，基本税率为10%。加拿大的基本税率为15%，澳大利亚为19%。

累退税与收入无关，对社会公平和平等更为不利。它是在购买商品或服务时产生的固定的税率，实际上对低收入者造成更大负担，导致用于这些商品和服务的支出在其可支配收入中所占比例更高。英国的增值税、美国的销售税，以及澳大利亚的商品和服务税都属于累退税。

全球化

在世界各地的卡车、火车和船只上随处可见、毫不起眼的集装箱,其实是使全球化在20世纪下半叶迅猛发展的重要原因之一。但全球化是好是坏呢?

以下是对全球化的一种定义:**全球化**指国家经济在贸易、金融、思想、信息和技术方面日益一体化与相互依赖,从而使各个国家的经济和文化更紧密地联系在一起的过程。

全球化的一个特点是跨境贸易的增加。随着供应链的日益全球化,生产和支持服务的外包导致更深层的劳动分工。例如,苹果手机的生产依赖1180多家零件供应商,它们遍布31个国家,除美国外,还包括中国、日本、韩国、匈牙利、马耳他、德国、意大利和墨西哥等。

另一个特点是**外国直接投资**(FDI),即一家海外公司在另一个国家设立公司,或购买和增加其在当地企业的股份。它是国际经济融合的重要因素,有利于在不同经济体之间建立稳定、持久的联系。例如,劳斯莱斯和联合利华是在美国拥有生产设施的欧洲公司,在英国的日产汽车和在加拿大的韩国LG集团也是如此。大部分的外国直接投资来自跨国公司（TNC）或多国公司（MNC），比如全球品牌宝马、可口可乐和维珍等。

以下六大方面的发展极大促进了全球化进程：**贸易壁垒**的减少；自由市场和**贸易自由化**；信息技术和通信技术的提高；国际金融市场的增长和资本的自由流动；全球企业的增长；最后，集装箱的出现和运输成本的降低。

回到最初的问题：全球化是好是坏？好处自然有很多：全球化可以增加全球生产总量；各国专门生产自身擅长的产品（这种现象被称为"比较优势"）；提供更低的价格和更多的选择，提高**消费者福利**；减少贫困，特别是对新兴经济体；通过贸易使全球经济更加相互依存，促进更和平的国际关系。

全球化也有坏处：在最不发达国家（LDC）会产生对穷人的剥削，比如血汗工厂和大量低收入劳动力的出现；负外部效应增加，比如更大的污染。上述两种情况在新兴经济体中更常见，因为保护工人和环境的法律相对缺乏。此外，全球化导致世界范围内的"可口可乐化"或"麦当劳化"现象，削弱了国家和文化认同。随着世界金融市场的日益一体化，经济冲击的风险相应增加，就像2007—2008年金融危机一样。各国也可能过度专业化，即过度依赖获得比较优势的经济领域，导致应对内外部冲击的脆弱性增加。

随着工人的自由流动,欠发达国家可能遭受"人才流失"。同时,工业化国家将出现**结构性失业**,制造业和工业岗位将转移到工资较低的经济体,以降低商品的生产成本。

跨境贸易

18世纪,许多国家奉行**保护主义**政策,以保护本国工业免受外国竞争者的冲击。但这种思想在19世纪受到挑战,**自由贸易**成为新的口号。自由贸易指商品和服务从一个国家自然流动到另一个国家,不受**关税**或**配额**的限制。

促进自由贸易的一种方法是建立**贸易集团**。贸易集团通常由在特定区域的国家组成,成员国共同努力,促进相互合作与贸易。这导致了与保护主义相反的**贸易自由化**。在集团内部,成员国相比非成员国享有更优惠的待遇。此外,世界各地也有许多**自由贸易协定**(FTA)。这些协定没有贸易集团正式,指两个及以上的经济体之间签订条约,减少或消除某些商品和服务的壁垒。自由贸易协定有时被用作建立贸易集团的基石,如欧盟(EU)。

这些贸易组织遍布全球,它们的首字母缩写也常常出现在新闻里:**南方共同市场**(MERCOSUR)是巴西、阿根廷、乌拉圭、巴拉圭和玻利维亚之间的关税联盟;**南亚自由贸易区**(SAFTA)包括印度和巴基斯坦,以及该地区的许多其他国家。美国、墨西哥、加拿大之间签有**美墨加三国协议**（USMCA）。和美国一样，澳大利亚不属于任何贸易集团，但与世界上许多国家都有自由贸易协定。

贸易集团虽然对成员国有益，但也可能对全球自由贸易造成阻碍。成员国可以与非成员国进行贸易，但通常该贸易的性质或数量会被加以限制。

第一种限制是**关税**。关税是一项保护主义手段，进口商在向贸易集团出售商品或服务时需要缴纳税款。这增加了进口商的成本，目的是保护国内产业，但也可能意味着消费者要为这些商品支付更高的价格。另一种对自由贸易的限制是**配额**。此类措施限制了成员国在一段时间内可以进口的商品数量或价值。对于货物，例如铝，配额可能会限制可进口的总重量或体积。例如，中国是钢铁生产大国，远超世界总产量的50%；美国对进口钢铁征收关税，理由是维护国家安全，保护本国钢铁行业。

世界贸易组织（WTO）将**倾销**定义为国家干预市场，通过补贴导致出口价格低于实际市场成本的保护行为。

> 什么是世界贸易组织？它由164个成员组成，负责仲裁各成员之间的现行贸易规则，目的是确保全球贸易尽可能顺利、自由和可预测地流动。

我们必须面对这样一个事实：维护个人自由与完全满足我们对分配正义的追求是不相容的。

——弗里德里希·哈耶克

银行利率

银行利率听起来有点无聊，是吧？但这个利率可能支配你的生活：从购买你的第一辆车，到第一次约会花的钱，以及支付婚礼开销或申请你的第一笔抵押贷款……所以要好好学哦！

利率可以让你知道贷款买车要花多少钱，还有储蓄一笔钱最后可以得到多少回报。借款人希望利率尽可能低，这样还款费用就会更少；储户则希望利率尽可能高，让账户里的钱生钱。

谁来决定**银行利率**应该是多少呢？在美国是联邦公开市场委员会（FOMC），在英国是货币政策委员会，在澳大利亚是储备银行委员会。这些不同的央行委员会在一年中的不同时间开会，决定**货币政策**。他们的主要任务是使通胀率保持在较低和稳定的水平，同时影响流通的货币数量。

银行利率也被称为**基准利率**，因为商业银行会根据它来设定面向公众的借款利率和储蓄利率。如果商业银行发现从英格兰银行（英国的中央银行）借款的成本增加，就会提高对客户的借款利率。如果英格兰银行降低银行利率，商业银行就可能降低抵押和普通贷款的利率。

通常情况就是如此,但也有例外。2009年(2007—2008年的金融危机后),英国的银行利率已降至0.5%,但商业银行对客户的利率仍保持在较高水平。当时,银行不愿意借贷,而贷款和抵押利率较高,也带来更大利润。

大衰退

许多经济学家和媒体认为，大衰退始于2008年，这是错误的观点。大衰退始于2007年底，在第二年开始"流行"。甚至可以说，早在2004年，国际金融市场（尤其是美国）就已经开始出现压力迹象。随之而来的危机被认为是自1929至1939年的经济大萧条以来，全球经济最严重的一次全面衰退。

经济衰退指经济连续两个季度（6个月）出现负增长。这并不一定意味着经济灾难，因为衰退可能是短暂的或技术性的。可能连续出现几个幅度较小的负增长季度，但大多数人不受影响，整体经济状况依旧良好。**大衰退**则指经济连续8个季度（2年）出现负增长。2007—2008年的经济冲击太大了，导致一些国家花了数年时间才实现复苏。甚至可以说，一些国家至今尚未完全恢复。

2007—2008年的大衰退是如何开始的？20世纪80年代和90年代，**放松管制**成为银行业的流行词。美国华尔街率先制定法律，减少对银行业的监管；1986年，英国也放松了政府管控。银行业的自由化是一条主要的导火索。

此外，美国的次级抵押贷款市场在2007年之前大幅增长，给银行带来了巨额利润。美国政府鼓励金融机构向次级借款人提供贷款，以推动住房拥有率的提高。次级借款人信用评级较低甚至没有信用评级，在传统上被银行视为高风险人群。而在当时，利率较低，大多数借款人能获得并偿还抵押贷款。然而，在2004至2006年，美国的银行利率从1%上升至5.25%，许多借款人开始违约。这严重影响了金融体系，因为抵押贷款往往与几乎没人理解的"高级金融工具"捆绑在一起。随后，这些投资又被卖给其他轻信的银行和投资者，这些"有毒资产"便陷入崩溃。它们实际上是不良贷款，最终使全球银行体系陷入信任危机。

这一危机在2007年底蔓延到了英国，当时英国的北岩银行经历了所谓的"银行挤兑"，人们在各个分行门口排队要求取回存款。为阻止恐慌蔓延，政府承诺承担所有资金。当时，整个世界都处于金融动荡之中，许多银行面临破产。破产的银行要么被政府国有化，要么以远低于几个月前的价格被出售给其他银行。此外，个人借贷和企业借贷的水平也居高不下。再加上房价下跌，消费者削减支出，全球经济的GDP大幅下降。此次冲击的影响持续了数年，英国、美国等国家直到2013年3月才恢复到2007年前的经济活动水平。

生产率

每当出现劳资纠纷时,有个概念总会在某个时刻出现:生产率。公司希望从员工那里获得更高的生产率,而工会可能并不支持这点,因为这可能意味着让更少的工人完成更多工作。

生产率的定义为:在特定时间段内每单位投入的产出。换句话说,就是一个人利用设备在一小时内生产的商品。有时也以一年为时间周期。

生产率可能提高,也可能下降,这点适用于个人、行业或国家。影响生产率的因素有:劳动力的教育、培训或经验水平,对资本品和新技术的投资水平,员工积极性以及薪酬。

许多企业都希望提高工人的效率,最好是在不增加工资的情况下。但大量证据表明,将工资提高到高于市场水平会带来更高的生产率和利润。美国工业家亨利·福特是大规模生产和流水线技术的首创者之一,他曾将工人的平均工资几乎翻了一番。人们称这是他"最好的成本削减举措",因为工人大大提高了生产率。

劳动力受教育和培训程度越高,生产率往往越高。这是因为员工在受过良好教育或培训后,会感觉自己更有职业发展前景,并可能获得更多的福利,这种信念增强了员工对公司的忠诚度,降低了员工流动率,从而减少了企业的用工成本。

在英国,管理中的一大问题是对资本品(如机器和新技术)的投资不足。要在竞争中保持领先,就必须降低成本并提高产量。有观点认为,正是20世纪70年代的投资不足,导致了英国本土汽车工业的衰败;而德国的大规模投资使得其汽车工业成为今天的成功典范。但这并不是英国汽车产业中唯一的问题,另一个问题是工会。许多人认为英国工会在20世纪60年代和70年代受到政治因素的影响,导致各行各业定期发起罢工,经济严重受挫。

英国的生产率通常被认为相对较低,但事实上并非大家说的那么糟糕。2020年,英国在世界生产率排名中位列第13位,落后于卢森堡、爱尔兰、德国和美国,但领先于法国和日本,而澳大利亚排在第16位。

英国的服务业非常发达,所以生产率很难衡量。衡量一名机器操作员的生产率相对简单,可以通过一小时或一年内生产了多少个小部件来计算,但如何评估一名律师的生产率呢?后者可能处理了一起涉及数百万乃至数十亿英镑、耗时数周的并购交易,其生产率很难通过时间或产量来衡量。

工会

和政府一样,工会往往会引发社会上广泛的不同观点。有些人认为,工会对防止资本家和精英阶层压榨普通工人、压低工资至关重要;另一些人则认为工会是要摧毁经济、危害国家。

工会将某一特定领域、行业或公司的工人聚集在一起,通过**集体谈判**,确保工资、福利和工作条件的改善。工会代表员工参与与雇主的谈判,意味着工人有更强的议价能力。大多数情况下,加入工会的工人将比未加入工会的工人有更高的工资、更好的工作条件和其他福利。最理想的情况下,工会有利于减少不平等,促进社会改革和进步。

自20世纪80年代以来,英国工会运动一直处于低迷状态。到2021年,英国工会的会员人数为640万,约占劳动人口的23%。尽管会员人数降至多年来的最低水平,但工会仍在公共交通和其他重要行业拥有一定影响力,只是在私营部门并非如此。

那么,工会是如何兴起的呢?工会的起源可以追溯到19世纪初的**卢德运动**,英国的工人们砸碎了取代他们的机器,提出包括规定最低工资、制定劳工标准和发放养老金等在内的诉求。工会在1824年被赋予法律地位；到了20世纪，工会与新成立的工党合作，从而在英国国家事务中拥有了更强有力的发言权。

工会的职能是保护工人不受剥削，但在20世纪60年代和70年代，英国工会变得过于强大，甚至能通过威胁左右政府的决策。与当时的其他欧洲国家相比，由于罢工频发和经济表现不佳，英国被称为"欧洲病夫"。

20世纪80年代中期，由玛格丽特·撒切尔领导的三届保守党政府出台法律，使罢工行动更加困难，从而削弱了工会的权力。在保守党连续执政18年后，工党于1997年在托尼·布莱尔的领导下上台执政。工会领袖乐观地以为可以恢复其政治影响力，与政府在唐宁街共饮啤酒，共商大计。但希望很快破灭，因为"新工党"为连任与左翼政策保持了距离，这持续了13年。

货币政策与财政政策

宏观经济政策涉及一个国家的整体经济运作,目的是为强劲和可持续的经济增长提供稳定的环境,创造就业机会和更多的财富,并提高生活水平。宏观经济政策的两大支柱是**货币政策**和**财政政策**。过去,各国政府倾向于调节财政政策和货币政策中的一种,但在大衰退之后,政府往往倾向于将二者"混合"使用。

货币政策指国家的中央银行或政府采取行动,影响国家经济中的流通资金总量和借贷成本。货币政策通过两种方式来调控消费者支出和总需求(AD):**银行利率**和**量化宽松**(QE)。其目的是避免出现经济周期中的大幅波动,同时使通胀率持续保持在较低水平。

财政政策也有两种主要方式:调整政府支出水平和调整税收水平,进而增加产出和就业机会,影响经济总需求的增长。

在约翰·梅纳德·凯恩斯提出使用财政政策应对20世纪30年代的大萧条后,财政政策成为管理经济的重要工具。凯恩斯主张通过**政府干预**来稳定经济,例如通过增加基础设施等领域的支出（如建设学校和医院），创造就业机会，刺激消费者需求增长；这样既可以帮助经济复苏，也能减缓经济衰退。凯恩斯还主张降低税收，以鼓励支出，从而增加需求，增强人们对经济的信心。许多凯恩斯主义经济学家认为，这种干预可以实现充分就业和价格稳定。凯恩斯经济学直到20世纪70年代中期才退出主导地位。当时，许多国家同时出现通货膨胀和经济增长缓慢的情况，即"滞胀"。凯恩斯的理论越来越不受欢迎，因为它未能对此提供解决方案。但在2007—2008年的信贷紧缩（金融危机）后，凯恩斯主义的经济思想重获青睐。

货币政策旨在控制通胀，即价格上涨的幅度。许多政府将通胀目标设定在2%至3%。货币政策可以通过调节**利率**来控制通胀。当通货膨胀率上升时，往往就会提高利率，使储蓄更具吸引力，从而减少需求，降低通胀压力。如今，利率通常由央行决策，独立于政府。央行一般会持续提高利率，直至产生预期的经济效果。

货币政策的第二种重要工具是**量化宽松**。其有效性仍有争议，但自2007—2008年的金融危机以来，量化宽松已经成为许多政府的常用工具，尤其是美国、欧盟和英国。当利率接近零且通胀率低于目标时，量化宽松尤其有用。为增加经济中的现有资金供应，中央银行会购买政府或公司债券，从而降低这些债券的利率。随着经济中资金供应的增加，家庭和企业的贷款利率也随之降低，从而刺激支出，使通胀保持在目标水平。

汇率（一）

世界上只有一种货币会更好吗？这样的话，选欧元、美元还是人民币呢？统一货币肯定会让那些出国度假的人生活更便利，因为再也不需要换算汇率，或费劲弄清楚某件东西是不是比国内便宜了。对企业来说也是如此，无须再承担货币转换和交易费用。发展中国家将因货币更稳定而受益，从而促进国际贸易。

唉，哪有这样的好事！如今，各国货币之间存在**汇率**，即一种货币相对于另一种货币的价格。

汇率系统分为很多种，其中最著名的是**浮动汇率制度**，货币价值主要由市场供求关系决定，政府或中央银行通常不直接设定汇率来影响货币在外汇市场上的外部价值。美国、英国、欧盟等许多工业化的国家和地区采用这种制度。

第二种是**有管理的浮动汇率制度**，中央银行可以干预市场，影响货币价值，以达到特定的宏观经济目标。印度就是这种汇率制度。

还有**固定汇率制度**，沙特阿拉伯、阿联酋、巴巴多斯和厄立特里亚等国的货币都与美元挂钩，因为这样可以让这些国家的经济更稳定。

最后一种是**半固定汇率制度**，即政府试图将本国货币的价值维持在某个汇率区间内。中国采用这一制度来调节人民币与美元之间的汇率，从而保持其出口产品的高度竞争力。美国坚持认为这是不公平的贸易，有时还会发起针对性的贸易战。

以下是一些与汇率相关的术语：在浮动汇率制度下，当一种货币的价值因市场力量相对于另一种货币上升时，该货币"**升值**"。货币升值意味着变得"更强劲"，使用这种货币的进口商能以更少的钱从国外购买更多商品。

贬值与升值相反，也发生在浮动汇率制度下。货币贬值则变得"更弱"，但这有助于出口商，其商品和服务价格将更具竞争力，贸易会随之增加，国家财富也是如此。

重估是与固定汇率制度相关的术语，指政府通过中央银行决定增加其货币对其他货币的价值。

贬值同样适用于固定汇率制度，与重估正好相反。政府主动降低其货币对其他货币的价值，从而使本国商品和服务更具国际竞争力。

汇率（二）

包括美国、英国、欧盟国家和日本在内的许多工业化国家采用浮动汇率制度，货币汇率取决于市场力量以及供求关系的相互作用，不受政府或央行的干预。但这些"市场力量"是什么呢？

总需求（AD）= 消费 + 投资 + 政府支出 +（出口 - 进口）。如果一个国家的出口额超过进口额，就会更富有。例如，英国向意大利出口绝缘体，意大利的企业必须购买英镑来支付。因此，对英镑的需求增加了，英镑相对于其他货币升值，英国企业就可以获得更大的收入和利润。相反，如果英国公司想从鲁布托位于米兰的工厂购买红底鞋，就必须购买欧元、出售英镑来支付这些费用。货币从英国流向意大利，使意大利更加富裕，同时英镑的汇率下降。

一个国家的经常账户反映了该国与贸易伙伴之间的贸易平衡。它包括国家之间在商品、服务、利息和股息等方面的支付往来。如果一个国家出现**经常账户赤字**，说明它在外贸中的支出多于收入，进口多于出口，于是需要更多外汇来购买这些商品和服务，从而导致该国货币汇率走弱。

利率是影响汇率的另一个因素。如果利率上升，投资者就会倾向于在该国储蓄，因为这样会赚得更多。例如，如果美国提高利率，那么更多人会购买美元，存入美国银行，美元便升值了。这种现象被称为**"热钱"**，即世界各地的投资者使资金流向提供最高短期利率的地方。有时，投资者扎堆转向"热钱"，导致外汇市场的剧烈波动。

投机者不断冒险，试图预测未来的汇率波动，希望能获得大到足以抵消风险的收益。这可能会对货币价值产生影响，因为一旦投机者做出重大市场动作，全球其他投机者可能纷纷效仿。至于**外汇交易商**，则可能根据对一种货币的信心，以及选举结果、经济新闻，甚至是捕风捉影的消息，来买卖一种货币！

如前所述，一种货币越弱，对出口商越好，其商品对海外买家更具吸引力。但货币疲软可能表明国家经济运行不佳，运行良好的经济则能持续促使货币走强。

> 最后，为了帮助大家理解弱势货币和强势货币是什么，我们可以使用首字母缩写 SPICED[1] 来形容强势货币：Strong Pound,

---

1　意为加了香料的，有滋有味的。

Imports Cheap, Exports Dear.(强大的钱、进口便宜、出口昂贵。)不过,没有同类词语来形容弱势货币,你只能把香料"反过来"了!

收入的循环流动

在世界上的许多地方,似乎最年轻的消费者也在消费,但钱都去了哪里呢?它是留在这个国家还是去了其他地方?它是帮助了社会,还是只是让"肥猫"[1]变得更肥了呢?

收入的循环流动表明了连接不同经济部门的收入和支出的货币如何在社会中流动。它显示了经济体内商品和服务、生产要素以及家庭向企业支付款项的流动。

在收入的循环流动的基本模型中,企业生产商品、服务并支付劳动者工资;而当劳动者作为消费者购买商品和服务时,这些钱又会流向生产者。它们构成了一个国家的国内生产总值(GDP)或国民收入的组成部分,促使经济不断循环流动。

企业和劳动者之间的基本模型很简单,但现实世界要复杂得多:并不是所有支付给工人的工资,或公司获得的所有收入都回到了循环之中。在经济循环中,存在资金的"**漏出**"(或称"**流出**")与"**注入**"。

---

[1] 肥猫,起初用来形容向西方政党大量捐款的富人,后泛指富豪。

注入有三种主要类型。一是**投资**,即增加资本存量,如购买机器;二是**政府支出**,无论是招聘更多的教师和护士,还是修建新的道路;三是**出口**,即向海外销售国内生产的产品,获取更多资金进入流动。

漏出也有三种主要类型。首先是**储蓄**,如果花光了所有的收入,你可能就没法买房子、汽车或出去度假了,因此人们把钱储蓄在银行等金融机构;其次是**税收**,它作为政府的收入流出经济体系;最后是**进口**,当你购买鲁布托鞋或其他进口商品或服务时,资金就会流出本国,进入其他国家的经济循环。

资金的流入与流出都会对经济体产生影响。如果所有的注入等于所有的漏出,那么经济就处于平衡状态,不会增长或萎缩;如果注入大于漏出,则意味着有更多资金进入经济系统,经济将会增长;如果漏出大于注入,经济将会收缩。

但并非所有的漏出都是永久性的。当资金以税收形式漏出经济循环时,政府可能将其用于修建公路等基础设施从而重新实现注入。当储蓄从循环中漏出时,这些钱可能会被用于投资初创企业、购买房产或企业扩张,从而也重新进入了循环。

乘数效应

当某人把钱花在某件商品或服务上时,钱就变成了另一个人的收入——简单来说,这就是**乘数效应**。乘数效应衡量的是某项经济活动的变化(例如一次投资)对国民总收入产生的影响。它是凯恩斯宏观经济理论的组成部分,也是财政政策的重要内容。

每当新需求注入收入的循环流动中时,就可能产生乘数效应。新的资金注入可以创造更多支出,进而创造更多的收入,不断循环。乘数效应指的就是在初始注入支出后,产生了多少额外收入。

想象一下,政府因建造新医院注入了100亿英镑,为建筑行业和其他供应商创造了新的就业机会。因此,新增的就业者获得可支配收入,用于购入新地毯或电视等商品。这部分支出在其他行业创造了更多的就业机会,从中产生的相应收入又可以购买新车、房产、进口商品等商品和服务。这种收入和支出的循环将持续进行,直到新增收入耗尽或漏出。

乘数效应的一般公式为:

$$乘数 = \frac{支出的变化}{收入的变化}$$

决定乘数大小的一个重要因素是从循环中漏出的资金量。漏出量越大，乘数就越小。也就是说，用于储蓄、支付进口商品或税收的家庭收入越多，乘数越小。

在经济学中，有一种概念叫"倾向"，包括多种类型：消费倾向、储蓄倾向、投资倾向、进口倾向、出口倾向、税收倾向等。倾向指以某种方式行动或表现的自然趋势：猫有捕猎鸟类的倾向，人类则倾向于获得财产。**边际漏出倾向（MPW）**指每增加一个单位的收入，从循环中漏出的比例。它的计算公式是：边际漏出倾向（MPW）= 边际储蓄倾向（MPS）+ 边际税收倾向（MPT）+ 边际进口倾向（MPM）。而乘数 = 1/（1 - MPC），MPC是边际消费倾向。

在封闭经济中，边际储蓄倾向（MPS）和边际消费倾向（MPC）相加等于1；而在正常的开放经济中，边际消费倾向（MPC）和边际漏出倾向（MPW）相加等于1。

根据乘数的计算公式，假设消费者每赚1英镑就花80便士，就会节省（漏出）20便士。因此，乘数 = 1/（1 - 0.8）= 5。这意味着每注入1英镑，就会产生5

英镑的额外收入。所以如果政府向新医院注入100亿英镑,就会为国家创造500亿英镑的额外收入。

最后,上述内容都关乎**正乘数**,但实际上也可能**产生负乘数**。

需求侧政策和供给侧政策

如标题所示，需求侧和供给侧政策从不同的角度来看待经济形势。**需求侧政策**指政府通过有意调控总需求（AD），实现宏观经济目标。凯恩斯主义经济学提倡将货币政策和财政政策作为创造需求的主要工具。

但二者并非非此即彼的关系。需求侧的凯恩斯主义经济学家一致认为，供给侧政策能在一定程度上提高经济的生产潜力，但在极端的经济冲击（经济萧条或严重的经济衰退）下，持续且严重的需求缺乏才是问题的关键所在。

供给侧经济学家坚持认为，增加商品和服务的供应是经济增长的基础。如果政策障碍更少，减少"瓶颈"，供应链就可以加快生产速度，产品以更便宜的价格流向消费者。供给侧政策包括政府采取的任何旨在在既定价格水平下增加企业供给能力和供给意愿的措施。如后文图表所示，如果供给侧政策取得成功，**总供给**（AS）将向右移动，从而推动经济增长，尤其是在**长期总供给**（LRAS）增长的情况下。

一般来说，供给侧政策在以下几个主要领域推动改善：生产率、增加资源供给、税收或福利激励政策、减少增加成本的监管或其他成本削减措施。

与需求侧政策类似，供给侧政策也有两种主要方法。第一种是**提高自由市场的有效性和效率**。通过放松管制、降低所得税税率、遏制工会权力和将某些行业私有化等措施，使自由市场根据供求关系自行消除经济中的不平衡。第二种是**干预主义**，即政府参与市场，以减少市场失灵，例如增加政府在交通、教育和通信等方面的支出。

自由市场的第一种手段是**放松管制**，它也是一种私有化的形式。例如，英国和美国在20世纪70年代和80年代放松对金融市场的管制，为公众带来了更多的竞争和选择。第二种手段是**降低个人所得税和企业所得税**。降低所得税能激励个人追求更高收入，在较低税收的环境下，人们也可以保留更多收入，可支配收入也就变多了，进而增加消费；降低企业所得税则可以让企业有更多资金用于扩大支出和投资。第三种手段是**削弱工会的权力**，从而建立一个更灵活的劳动力市场。这使企业获得更多自主权，即便这意味着工人对薪资和工作条件的话语权下降。

政府干预主要依赖于政府增加支出。例如，增加在**基础设施**上的支出，可以改善工人和企业的交通条件，降低成本。增加**教育和培训**支出可以提高生产力，而建设更优质和快捷的**通信系统**可以使企业更好地适应不断变化的市场环境,并降低成本。

凯恩斯主义长期总供给(LRAS)与经济增长

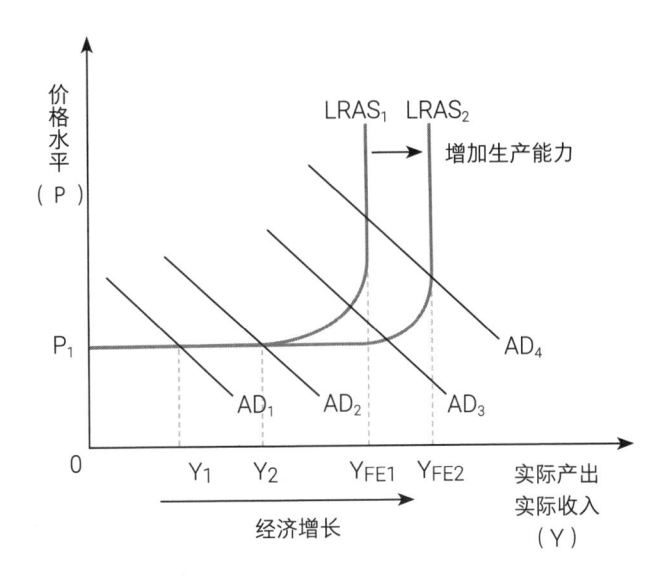

图中标注:
- 纵轴:价格水平(P)
- 横轴:实际产出 实际收入(Y)
- LRAS$_1$、LRAS$_2$:增加生产能力
- AD$_1$、AD$_2$、AD$_3$、AD$_4$
- P$_1$
- Y$_1$、Y$_2$、Y$_{FE1}$、Y$_{FE2}$
- 经济增长

Y = 产量 = 产出

FE = 充分就业

AD = 总需求

国际竞争力

过去50年来,全球化对世界经济的影响越来越大。全球的消费者都想要来自世界各地的商品和服务,而不是局限于一个地区、国家或大陆进行选择。

全球化给一个国家的企业带来了巨大的商机,使其能够向全球市场销售产品,同时也意味着其他国家的商品和服务可以进入本国市场。因此,一个国家的出口商必须具有国际竞争力,才能在全球市场占有一席之地。**国际竞争力**衡量一个国家出口商品和服务的成本和价值。无论是美国、英国、澳大利亚还是其他任何地方,如果商品和服务比竞争对手更贵,其出口产品的国际竞争力就会下降。

价值是什么意思呢?德国汽车不便宜,但它们确实很畅销。这是因为消费者相信德国汽车有**附加价值**,无论是作为身份的象征,还是设计风格、舒适性、可靠性或先进的技术等方面的因素。德国品牌的声誉可以使其商品和服务获得更高的出口价格。不过,这种附加价值不仅不容易获得,还很容易失去。

提高国际竞争力有什么好处?如果某商品或服务是物有所值的,无论是价格较低还是质量更好,都可以导致对其出口需求的增加。出口增长将使总需求（AD）和经济增长，使一个国家更加富裕。出口竞争力的提升有助于改善**国际收支**：减少像美国和英国那样的经常账户赤字，或增加像德国这样的贸易顺差。出口增加将在出口行业内创造就业机会，同时也会产生乘数效应，在其他行业增加需求和创造就业，降低通货膨胀。

如何衡量国际竞争力？没有单一的方法，但在短期内，国际竞争力可能受到一个国家的通货膨胀率和汇率的影响。如果一个国家的汇率升值，使其进口更便宜，出口更昂贵，就会削弱其国际竞争力。从长期来看，还有许多重要因素可能影响国际竞争力，如教育和培训，医疗保健，政治、金融和司法机构的稳定性，以及腐败的程度。

如果一个国家的出口价格比其他国家更贵，其国际竞争力就会下降。其中的关键因素之一在于相对于**其他竞争国家的生产率**，即一个工人每小时的产出量。例如，如果英国汽车工人的生产率是每小时生产三辆车，而德国是四辆车，这说明德国更有优势。更高的生产效率意味着德国汽车制造商能降低生产成本，从而提供更具竞争力的价格。另一种衡量方式是一个国家相对于另一个国家的**单位劳动力成本**，简单来说，如果工人工资的增长速度高于生产率的提升，该成本就会上升。

影响经济增长的因素

如你想象,经济是复杂的,有许多因素可以推动一个国家的经济增长和发展,同样也存在许多阻碍因素。每个国家在发展经济的过程中都会受到制约,但**新兴经济体**,特别是**最不发达国家**(LDCs),面临着更大的困难。

和其他国家一样,最不发达国家(也称经济欠发达国家,LEDCs)寻求可持续的长期增长,即由生产要素(FoP)的质量和数量的增长实现生产能力的提升。

影响经济发展的因素可以分为**经济因素**和**非经济因素**。经济发展通常表现为:平均工资增长、教育水平提高、预期寿命延长、基础设施改善以及贫困率下降。然而,非经济因素也对经济发展至关重要:政治稳定、健全可信的银行和金融体系,以及独立的司法系统和法治水平。

阻碍经济增长和发展的最大非经济因素是**治理不善**。所有国家的体系都是有缺陷的,但这点可能在最不发达国家尤为严重。民主制度的缺乏,加上新闻自由的限制,可能导致社会各级的普遍腐败。腐败破坏银行体系的稳定,引发**资本外逃**。本国富人和企业将资金转移到国外(通常是非法转移),国家失去大量储蓄,投资发展的能力被削弱。如果立法者只关心某些利益群体,司法体系不独立,治理不善,也会破坏法治。

对新兴国家以及发达国家而言,**外国直接投资**(FDI)是推动经济增长的重要力量。它指外国企业直接投资某国的实体资产,例如建厂。在英国,外国直接投资的一个例子是位于桑德兰的日产汽车工厂。在马来西亚,也有英国品牌戴森的工厂。

一些最不发达国家(如尼日利亚)拥有大量的自然资源。理论上这应该能极大促进经济发展,但经济学并不这么简单。**初级产品**可以成为重要的收入来源,推动国家经济迅速增长。但"资源诅咒"理论认为,过度依赖初级产品或自然资源,会削弱国家经济多元化的动力,从而阻碍发展。从这一点来说,发达国家往往倾向于自由贸易;但对于最不发达国家,适当的贸易壁垒可能是有益的,这使得"新兴"国内产业能在面对大型跨国公司的竞争之前得到一定的发展空间。

> 经济发展的另一个障碍是战争,它们会不可避免地造成人口和基础设施的损失,以及潜

在的旅游收入的损失。此外,由于医疗水平低下,大多数新兴国家的人口往往较为年轻化。而健康水平的提升可以让劳动力积累工作经验,提高生产率;受教育程度更高、经验更丰富和生产力更高的劳动力可以吸引更多外国直接投资。

经济增长的策略

经济增长和发展的战略主要分为两种,但请记住,每个国家的情况并不相同。由于自然资源、人力资源以及地理和历史等方面的差异,在一个国家行之有效的策略可能并不适用于另一个国家。不过,尽管本节重点关注最不发达国家,其中的许多战略也适用于工业化程度更高的国家。

在第二次世界大战后的一段时间里,**内向型战略**成为主导。它具有凯恩斯主义的特征,强调政府干预和保护主义的策略,扶持国内企业而非依赖对外贸易。这一战略也被称为**"进口替代"**,指通过设置配额、关税等贸易壁垒,使本国的新兴产业取得发展。第二次世界大战后,日本采用该战略,发展了本国的汽车和电子产业。内向型发展战略的好处还包括促进就业和提高收入。近年来,人们认为它还可以保护传统生活方式,抵制全球化带来的"可口可乐化"现象。

外向型战略则更加面向自由市场,被认为是这两种战略中更为成功的一种。它主张自由贸易和全球化,帮助国家建立国际合作关系,有利于减小外部冲击。

在促进经济增长的两大核心战略中,有几种主要的增长策略值得详细介绍。在市场导向的外向型战略中,**贸易自由化**是自由贸易的关键,一直被用作实现增长和发展的重要手段。它允许各国在没有任何壁垒或限制的情况下,与专门从事生产某些商品和服务、具有相对成本优势的国家进行贸易。此外,可以**减少政府补贴**。在某些情况下,政府补贴可能限制经济增长和发展,这是因为政府支出可能"挤出"私营企业,导致稀缺资源的低效率分配。"挤出效应"是一种经济学理论,认为公共部门支出的增加可能推高利率,将私营部门的投资支出"挤掉"。另一种外向型市场策略是**浮动汇率制度**,它有助于各国在市场机制下实现均衡,避免固定汇率制度下潜在的金融问题。固定利率可能需要政府干预,维持货币稳定,从而消耗外汇储备,并使出口更加昂贵。

内向型战略中,国家干预主义战略通过国家政府干预与优化资源分配,促进经济增长和发展。提高劳动力素质(人力资本)、增加普通工人的技能,提高了生产率,增强吸引外国直接投资的潜力,并往往伴随着技术创新。如果没有技能和生产率的进步,企业会很难扩张,同时限制创新能力。**合资企业**是另一种增长策略,即与跨国公司合作发展。例如,1978年,中国实行"改革开放"政策,开启经济转型,允许大众等企业投资合资企业,使其可以获得中国巨大市场的份额。

结 语

现在你可能明白了，经济学无处不在！

在你购买这本书之后，书店将得到一部分收入，并支付员工工资；出版商也获得了图书收入和利润。后者可能会将利润进行再投资，雇用更多的员工，以扩大业务和获得更大利润。在英国，这些利润的一部分又将以企业所得税的形式支付给政府，这笔税收可能被政府用于增加医疗预算，提供更多的救护车、医生和护士。假如你在街上突然晕倒，这些医疗资源就可能挽救你的生命。

经济学圈有这样一种说法：你可以把24位经济学家关在同一间教室里，而他们将针对如何管理国家经济提出24种方案。从某种意义上来说，的确如此！其中一位经济学家可能希望政府增加教育经费，另一位经济学家则可能希望改善医疗服务、加强警力或军队，或提高失业救济金……方案有无数种，但资源却不是——还记得稀缺性吗？

经济思维是一条逻辑推理的链条，需要充分考虑每一个经济决策的后果。这是负责管理国家经济的政治家需要认真对待，却时常掉以轻心的过程！

经济决策影响着我们生活中的一切,这也是这门学科如此迷人的原因之一。无论是你最喜欢的球队招募新球员,还是你所在的社区设法获取资金来翻修活动中心,总有人在某个地方思考着经济问题。而我们当中能做到这点的人越多,社会也就会越加美好。

T 文库系列

人与机器人
HALLO ROBOT: DE MACHINE ALS MEDEMENS

二进制改变世界
ZEROES & ONES: THE GEEKS, HEROES AND
HACKERS WHO CHANGED HISTORY

哲学的 100 个基本
哲学 100 の基本

数字只说 10 件事
NUMBERS - 10 THINGS YOU SHOULD KNOW

大脑只说 10 件事
THE BRAIN - 10 THINGS YOU SHOULD KNOW

耶鲁音乐小史
A LITTLE HISTORY OF MUSIC

你想从生命中得到什么
WHAT DO YOU WANT OUT OF LIFE?

你家胜过凡尔赛
OTRA HISTORIA DE LA ARQUITECTURA

名画无感太正常
OTRA HISTORIA DEL ARTE

从弓箭头到鼠标箭头
LO QUE SUEÑAN LOS ANDROIDES

产品经理： 张宝荷
视觉统筹： 马仕睿 @typo_d
印制统筹： 赵路江
内文排版： 程 阁
版权统筹： 李晓苏
营销统筹： 好同学

豆瓣 / 微博 / 小红书 / 公众号
搜索「轻读文库」

mail@qingduwenku.com